DECLARATION DV ROY,

Confirmatiue des Edicts concernans la Iurisdiction attribuée au siege de la Connestablie & Mareschaussée de France, à la Table de marbre du Palais à Paris.

Sur le faict du payement de la Gendarmerie, Officiers d'icelle, Preuosts de Messieurs les Connestable, & Mareschaux de France, Vi-Baillifs, Vi-Seneschaux, Lieutenans, Officiers & Archers de leurs compagnies.

Auec

Les Edicts du Roy confirmez par ladicte Declaration, & arrests du Conseil priué attachez soubs le contre-seel d'icelle.

M. DC. XVIII.

TABLE DES EDICTS ET ARRESTS CONFIRMEZ.

Parlement & Chambre des Comptes. p. 17.

Autre Ordonnance du mesme Roy Charles IX. Que ledict Siege connoistra des differens d'entre lesdicts Commissaires, Controlleurs, Tresoriers payeurs & Gens de guerre, tant en demãdant qu'en defendant, à cause de leur charge & administration, nonobstant tous Priuileges & Committimus, à peine de nullité, perte de leurs Priuileges, & cent liures Parisis d'amende, verifiée au Parlement. p. 26.

Autre du mesme Roy Charles IX. portant defenses aux Tresoriers generaux des guerres de payer ny aßigner les gaiges des Commissaires, Controlleurs & payeurs, qu'il ne leur appaoisse prealablement qu'ils ayent fait enregistrer leursdictes prouisions, actes de declaration de domicile & cautions au Greffe de ladicte Mareschaussée; & que mesmement les Controlleurs y ayent enuoyé le double des roolles de chascune monstre par eux faicte, à peine de pure perte, & radiation desdicts gaiges sur leurs comptes, verifié en la Chambre des Comptes. p. 32.

Extraict des articles 52, 53, & 56, de l'Edict du 1. de Feurier 1574. par lesquels est faict defenses au Lieutenant Ciuil de Paris, & tous Iuges autres que ceux de ladicte Mareschaussée de connoistre de ce qui concerne le faict de la Gendarmerie, ny de faire arrest ez mains des payeurs d'icelle soubs les peines y portées, & que les Controlleurs ayent à y enuoier les roolles des monstres par eux faictes, verifié au Parlement & Chambre des Comptes en Feurier, & Mars 1574. p. 37, 38, & 39.

L'onziesme des articles fondamentaux de ladicte Iurisdiction contenant, qu'elle connoist des abus & maluersations des dessusdicts Preuosts, leurs Lieutenans & Archers, faites en leursdictes charges, & des excez contre eux commis, & des differens d'entre eux, leurs Lieutenans, & Archers, confirmé tant par la Declaration du Roy à present regnant, que par la suiuante qui est du Roy François I. pag. 40.

Declaration du Roy François I. portant confirmation expresse du contenu audict article, verifiée au Grand Conseil en l'an 1544. pag. 41, 42, & suiuantes.

Cinq Arrests du Conseil priué du Roy portans plusieurs renuois desdites matieres audict Siege, suiuant iceluy 11. article & Edicts cy dessus. *pag. 55, 56, & suiuantes.*

DECLARATION DV ROY confirmatiue d'autres Edicts concernans la Iurisdiction qui appartient au Siege de la Connestablie & Mareschaussée de France au Palais à Paris, Sur le faict du payement & Officiers de la Gendarmerie, Preuosts de messieurs les Mareschaux, Vi-baillifs, & Vi-Seneschaux.

LOVIS PAR LA GRACE DE DIEV ROY DE FRANCE ET DE NAVARRE, A tous ceux qui ces presentes lettres verront, Salut. Nos tres-chers Cousins les Mareschaux de France, nous ont remonstré qu'à eux ou leurs Lieutenans au siege de la Table de marbre du Palais à Paris, appartient la connoissance & iurisdiction, en premiere instance, de plusieurs & diuerses matieres à eux, ou leursdicts Lieutenans attribuées & continuées par grand nombre d'Edicts anciens & modernes des Rois nos predecesseurs, attachez aux presentes, soubs le contre-seel de nostre Chancellerie, & verifiez par nos Cour de Parlement, Grand Conseil, & Chambre des Comptes : en ſuitte dequoy, & conformément à iceux Edicts, auroient eſté donnez en noſtre priué Conſeil plu-ſieurs Arreſts auſſi attachez ſoubs leſdict contreſeel, tellement que ladicte iuriſdiction ſeroit touſiours demeuree de temps immemorial en plaine vigueur & obſeruation, fors, & excepté depuis quinze ou ſeize ans en ça, qu'ils y auroient eſté troublez, au moyen de ce qu'aucuns des iuſticiables dudict ſiege, pour ſe choiſir des Iuges à leur fantaiſie, tirent leurs parties en d'autres Sieges, du tout incompetants, & où les formes deſdicts Iugemens & matieres ſont ignorées ; pour à quoy obuier, & à ce que leſdictes ordonnances ne ſoient à l'aduenir illuſoires, Noſdicts Couſins, & leurſdicts Lieutenants nous auroient ſupplié leur octroyer vne declaration generale, confirmatiue de leurdicte Iuriſdiction, & des Edicts d'icelle deüement verifiez. A CES CAVSES, & de l'aduis de noſtre Conſeil qui a veu iceux Edicts, & meſmement les Declarations du quinzieſme Ianuier, & troiſieſme d'Aouſt mil cinq cens ſoixante & treize, & ſixieſme Ianuier mil cinq cens ſoixante & quatorze, verifiees en noſtredicte Cour de Parlement, & Chambre des Comptes. L'Edict du premier Feurier audict an mil cinq cens ſoixante & quatorze auſſi verifié en noſtredict Parlement & Chambre des Comptes, & meſmement és articles cinquante deux, cinquante trois & cinquante ſix, concernans ladicte Iuriſdiction: & en outre l'onzieſme des articles anciens & fondamentaux d'icelle, attachez ſoubs le contre-ſeel de ladicte Declaration du troiſieſme d'Aouſt mil cinq cens ſoixante & treize, verifiée, comme dict eſt, & confirmatiue d'iceux: & encor par autre Declaration de l'an mil cinq cens quarante quatre, où ledict article onzieſme eſt inſeré, verifiée en noſtre grand Conſeil: tous leſquels Edicts & Declarations ſont attachez à ces preſentes, ſoubs le contreſeel de noſtre Chancellerie, auec leſdictes coppies collationnées d'arreſts de noſtre priué Conſeil, donnez & enſuiuis conformément à iceux Edicts. NOVS, en confirmant iceux Edicts & Declarations, verifiez comme dit est, & cy attachez, Avons dict, declaré & ordonné, disons, declarons & ordonnons, voulons & nous plaist, que nosdicts Cousins, ou leurs Lieutenans audict siege de la table de marbre, vsent, ioüissent & exercent ladicte Iurisdiction, selon, ainsi, & en la forme qu'elle leur est attribuee par iceux Edicts & Declarations: Deffendu & deffendons à tous nos autres Iuges, & Cours prendre connoissance de toutes les causes & matieres attribuees audict Siege, par Edicts & Declarations, ny les attirer, retenir, ou euocquer, sinon en cas qu'il est permis par nos ordonnances, ains les renuoyer audict Siege, à peine de nullité des iugemens qui seroient autrement donnez, & autres peines portées par iceux Edicts contre les parties qui au preiudice de la teneur desdictes Declarations & Edicts introduiroient lesdites matieres ailleurs qu'audict Siege. Si donnons en mandement à nos amez & feaux Conseillers les gens tenans nostre Cour de Parlement & Chambre des Cõptes, &

tous nos autres Iuges & Officiers qu'il appartiendra, Que ces presentes nos Lettres de confirmation, declaration, vouloir, & inionction, ils ayent à faire lire & enregistrer, & du contenu en icelles faire iouïr nosdicts Cousins les Mareschaux de France, ou leursdicts Lieutenans audict Siege de la Table de marbre, nonobstant toutes Lettres & choses à ce contraires. Car tel est nostre plaisir, en tesmoing dequoy nous auons faict mettre nostre seel ausdictes presentes; DONNÉ à Paris le quinziesme iour de Nouembre l'an de grace mil six cens dix sept, & de nostre regne le huictiesme; & seellées du grand sceau sur double queüe, de cire iaune. Signées sur le reply, Par le Roy en son Conseil, COTIGNON. Et plus bas, Registrées, ouy le Procureur general du Roy, pour ioüir par les impetrans de l'effect & contenu en icelles aux modifications neantmoins portées par les arrests de verification des Edicts & Declarations, A Paris en Parlement le treziesme iour de Feurier mil six cens dix huict, Signé DV TILLET. Registrées en la Chambre des Comptes, ouy le Procureur general du Roy, pour iouïr par les impetrans de l'effect & contenu en icelles selon leur forme & teneur, suiuant l'arrest de ce faict, le trentiesme Mars mil six cens dixhuict, Signé,

BERTHELIN.

Extraict des Registres de Parlement.

VEu par la Cour, les Lettres patentes du Roy, données à Paris le quinziesme Nouembre mil six cens dix sept, Signées sur le reply, Par le Roy en son Conseil, COTIGNON, & seellées du grand Sceau de cire iaune, obtenuës par les sieurs Mareschaux de France, & leurs Lieutenans au Siege de la Table de marbre: Par lesquelles, & pour les causes y contenues, ledict Seigneur en confirmant certains Edicts & Declarations y attachez soubs le contre-seel, verifiez en ladicte Cour, Declare, ordonne, veut & luy plaist que lesdicts sieurs Mareschaux ou leurs Lieutenans audict siege de la Table de marbre, vsent, iouïssent, & exercent ladicte Iurisdiction, selon, ainsi, & en la forme qu'elle leur est attribuée par iceux Edicts & Declarations : Deffend à tous ses autres Iuges & Cours prendre connoissance de toutes les causes & matieres attribuées audit Siege par iceux Edicts, ny les attirer, retenir ou euocquer, sinon és cas permis par les Ordonnances dudict Seigneur Roy, ains les renuoyer audict Siege, à peine de nullité des Iugemens & autres peines portées par iceux Edicts contre les parties qui y contreuiendroient, ainsi, & comme plus au long le contiennent lesdictes Lettres. Requeste presentée à ladicte Cour par les Officiers de la Connestablie & Mareschaussée de France au siege de la Table de Marbre du Palais à Paris, tendant à fin de verification d'icelles : Les autres Lettres, arrests, & pieces attachées soubs le contre-seel. Conclusions du Procureur general du Roy. Et tout consideré ladicte Cour a ordonné, & ordonne que lesdictes Lettres seront registrées ez registres d'icelle, pour iouïr par les impetrans de l'effect & contenu en icelles, aux modifications neantmoins portées par les Arrests de verification desdicts Edicts & Declarations. Faict en Parlement le treiziesme Feurier mil six cens dixhuict. Signé, GALLARD.

Extraict des registres de la Chambre des Comptes.

VEV par la Chambre les Lettres patentes du Roy, en forme de Declaration, données à Paris le quinziesme Nouembre dernier, signées sur le reply, Par le Roy, COTIGNON, obtenues par les Mareschaux de France, ou leurs Lieutenans au siege de la Table de marbre du Palais à Paris; Par lesquelles sa Majesté de l'aduis de son Conseil en confirmant ses Edicts & Declarations des quinziesme Ianuier, & troisiesme Aoust mil cinq cens soixante & treize; & sixiesme Ianuier mil cinq cens soixante & quatorze, verifiées en la Cour de Parlement. Autre Edict du premier Feurier audict an mil cinq cens soixante quatorze aussi verifié, & en ladicte Chambre: mesmement les articles cinquante deux, cinquante trois, & cinquante six, concernans ladicte Iurisdiction desdicts Officiers. Et en outre l'onziesme des articles anciens & fondamentaux d'icelle. A dict & declaré, veut & luy plaist, que iceux Officiers ioüissent & exercent ladicte Iurisdiction, selon, & ainsi, & en la forme qu'elle leur est attribuée par iceux Edicts & Declarations : Deffend à tous autres Iuges & Courts prendre connoissance de toutes les causes & matieres attribuées audict Siege, par les Edicts & Declarations, ny les attirer, retenir, ou euocquer, sinon és cas permis par les Ordonnances; ains les renuoyer audict Siege, à peine de nullité des Iugemens qui seroient autrement donnez, & autres peines portées par iceux Edicts & Declarations contre les parties qui au preiudice de leur teneur introduiroient lesdictes matieres ailleurs qu'audict Siege: Et mande à ladicte Chambre verifier lesdictes Lettres purement & simplement, comme il est porté par icelles, ainsi que plus au long elles le contiennent, verifiées en la Cour de Parlement le treziesme Feurier dernier. Veu aussi lesdicts Edicts & Declarations, enſemble les Arreſts de verification d'iceux cy deſſus dattez & mentionnez, cy attachez ſoubs le contre-ſeel, auec autres pieces. La requeſte preſentée à ladicte Chambre par leſdicts Officiers, à fin de verification deſdictes Lettres : Concluſions du Procureur General du Roy ; & tout conſideré, LA CHAMBRE a ordonné & ordonne leſdictes Lettres eſtre regiſtrées, pour ioüir par les impetrans de l'effect & contenu en icelles, ſelon leur forme & teneur, pour eſtre le reglement y mentionné entretenu, fors & excepté pour le premier article faiſant mention que ſi les payeurs ont aucuns deniers en leurs mains de la qualité y contenue: Pour le regard duquel ladicte Chambre ordonne que leſdits deniers ſeront mis entre les mains des Treſoriers de l'ordinaire des guerres, qui en feront chapitre à part pour les payer aux veufues & heritiers des Hommes d'armes, ou Archers, à leur premiere priere & requeſte, à peine de tous deſpens, dommages & intereſts, ou en vuideront leurs mains, ainſi qu'il ſera ordonné à la reddition de leurs comptes. Faict le trentiesme iour de Mars mil six cens dixhuict.

Signé, BERTHELIN.

Extraict des registres du Siege de la Connestablie & Mareschaussée France au siege de la Table de marbre du Palais à Paris.

VEu la requeste à nous presentée par le Procureur du Roy en ceste Cour, à ce que les Lettres dudict Seigneur en forme de Declaration, dattées du quinziesme Nouembre dernier passé, signées sur le reply, Par le Roy en son Conseil, COTIGNON: & seellées du grand Seau de cire iaune, confirmatiues d'aucuns Edicts concernans ceste Iurisdiction, ia verifiées, tant en la Cour de Parlement, qu'en la Chambre des Comptes, soient leuës, publiées & enregistrées au Greffe de ceste dicte Cour, signifiées & d'icelles baillées coppies aux Commissaires & Controlleurs des guerres, & Thresoriers payeurs ; & à ce qu'ils ayent à obeyr & satisfaire au contenu d'icelles : & en outre soient enuoyez aux Commissaires & Controlleurs des monstres des Preuosts de messieurs les Mareschaux de France, Vi-baillifs & Vi-Seneschaux ou Procureurs du Roy, pour icelles faire publier à la prochaine monstre ; & qu'à iceux Preuosts, Vi-Baillifs, Vi-Seneschaux, leurs Lieutenans, Officiers & Archers de leurs compagnies ; deffenses soient par nous faictes de subir Iurisdiction ailleurs qu'en ceste Cour, aux cas desdits Edicts en ce qui concerne l'exercice de leurs charges, comme és reiglemens d'entre eux, leurs Lieutenans & Officiers de leurs compagnies, destitution, & suspension de leurs Archers, payement de leurs gaiges, rebellions contre eux commises, ou accusations contre eux intentées pour le faict de leursdictes charges, sauf au cas de contention d'entre eux & les Iuges ordinaires, ou incompetance contre eux alleguée pour raison de leurs iugemens Preuostaux, à soy pouruoir par deuers le Roy, ou és sieges Presidiaux ſuiuant les Edicts, qui eſt la diſtinction iuſtifiée par leſdictes Declarations & Edicts, & pratiquée de tout temps. ET VEV leſdictes Lettres & Edicts y attachez, NOVS auons ordonné & ordonnons qu'elles ſeront leües, publiées & regiſtrées au Greffe de ceſte Cour, & que d'icelles, enſemble des Edicts y attachez, ſeront faictes coppies collationnées par noſtre Greffier pour eſtre ſignifiées aux Commiſſaires & Controlleurs des guerres, & Treſoriers payeurs à ce qu'ils ayent à y ſatisfaire & obeïr: Leur faiſant inhibitions & deffenſes de ſubir Iuriſdiction és faicts concernans l'exercice & adminiſtration de leurs charges ailleurs que pardeuant nous en ceſte dicte Cour ſuiuant les Edicts du quinzieſme Ianuier, & troiſieſme d'Aouſt mil cinq cens ſeptante trois, & premier Feurier 1574. articles 52. & 53. verifiez & attachez au contre-ſeel de ladicte Declaration, à peine de nullité des iugemens & de cent liures pariſis d'amende contre les contreuenans. Et en outre auons enioinct & enioignons auſdits Controlleurs des guerres porter ou enuoyer au Greffe de cestedite Cour vn double du roolle signé d'eux, de chacune des monstres qui seront par eux faictes dans deux mois apres icelle : & generallement à tous les dessusdicts Commissaires, Controlleurs & Tresoriers payeurs, faire enregistrer audit Greffe trois mois apres ladite signification, leurs prouisions, actes de reception & eslection de domicile, & mesmement ausdits payeurs les actes de leurs cautions à peine de priuation de gaiges & taxations contre les contreuenans. Sera semblablement ladicte Declaration, Edicts, & nostre present Iugement signifié, & d'iceux baillé coppies aux Tresoriers generaux des guerres, à ce que suiuant la Declaration de Ianuier 1574. verifiée en la Chambre des Comptes, & confirmée comme dict est, ils n'ayent à payer ny assigner les gaiges desdicts Commissaires, Controlleurs & payeurs, qu'il ne leur apparoisse de l'enregistrement desdites prouisions, actes de cautions, & domiciles, ny les taxations ausdits Controlleurs qu'il ne leur apparoisse d'acte d'enuoy du double du roolle des monſtres par eux faites. SERONT pareillement enuoyées coppies deſdites Declaration, Edicts & Arreſts aux Commiſſaires & Controlleurs des monſtres, ou Procureurs du Roy des compagnies deſdits Preuoſts, Vi-baillifs, & Vi-Seneſchaux & Lieutenans de robe courte, eſtans en reſidence ſeparée, à ce qu'ils les facent publier à la prochaine monſtre, dont ils ſeront tenus nous certifier deux mois apres icelle monſtre, & en enuoyer l'acte de publication. Et ſuiuant iceux Edicts auons fait & faiſons deffenſes auſdits Preuoſts, Vi-Baillifs, & Vi-Seneſchaux, Lieutenans, Officiers, & Archers ſuſdits ſubir iuriſdiction ailleurs que pardeuant nous en ceſtedite Cour, és cas des deſſuſdits Declarations & Edicts, en ce qui concerne l'exercice de leurs charges, & meſmement és procez & differens d'entre eux, leurs Lieutenans, & autres Officiers de leurs compagnies, pour les reiglemens de leurs charges, deſtitution ou ſuſpenſion de leurs Archers, payement de leurs gages, rebellions contre eux commiſes, & accuſations contre eux intentées au faict de leurſdites charges, à peine contre les contreuenans de ſuſpenſion de leurſdicts offices, ſaiſies de gages, & priuation des priuileges de la gendarmerie à eux attribuez. Auons enioinct & enioignons audit Procureur du Roy tenir la main à l'execution de ce que deſſus, & meſmement de ſ'oppoſer és Chambres des Comptes, aux comptes deſdits Treſoriers generaux des guerres, Receueurs & payeurs des gages d'iceux Preuoſts, Vi-Baillifs, & Vi-Seneſchaux, ou des Receueurs des tailles ou taillon qui au preiudice des preſentes deffenſes, & des ſaiſies & arreſts à eux ſignifiez, auroient payé les gages ou taxations aux contreuenans pour demander la radiation deſdicts payemens eſdicts comptes. Faict le 19. d'Auril 1618.

Signé,

DE GOYS.

Ordon-

Ordonnance du Roy Charles IX. portant que les Commissaires & Controlleurs des guerres, ensemble les Thresoriers payeurs feront enregistrer au Greffe de la Mareschaussée, leurs prouisions, declaration de domicile & actes de cautions, & que les Controlleurs y enuoyeront les rolles de chacune monstre, & que les Archers des Preuosts se pouruoiront contre leur destitution audict siege par appel ou opposition.

CHARLES par la grace de Dieu Roy de France, à tous ceux qui ces presentes lettres verront, Salut. Nostre Procureur au siege de la Connestablie & Mareschaussée de France, à la table de Marbre de nostre Palais à Paris, Nous a faict dire & remonstrer que par cy deuant nos tres-chers cousins les Mareschaux de France, auroient fait dresser plusieurs articles tant ſur le reiglement des officiers de noſtre gendarmerie, que ſur leurs Preuoſts, Vi-Baillifs, Vi-Seneſchaux, leurs Lieutenans, Greffiers & Archers, & au mois d'Aouſt dernier eſtans tous aſſemblez en noſtre ville de Paris, auec aucuns nos Conſeillers en noſtre conſeil priué, & Maiſtres des Requeſtes ordinaires de noſtre Hoſtel, auroient enſemble veu & arreſté leſdicts articles, apres auoir ſur chacun d'iceux deliberé, pour ſous noſtre bon plaiſir les faire paſſer par Edict : Toutesfois n'en auroit depuis eſté faite pourſuitte à cauſe de l'abſence de noſdicts Mareſchaux, qui depuis ce temps ſe ſeroient par noſtre cõmandement tranſportez en leurs gouuernemens : & cependant ſeroit tres-requis & neceſſaire pour noſtre ſeruice prouuoir ſur aucuns deſdits articles : Sçauoir faiſons que ſuiuant l'aduis & deliberation de noſdicts Mareſchaux qu'auons pour agreable, & apres auoir ſur ce ouy le rapport qui fait nous en a eſté par l'vn de noſdicts Conſeillers & Maiſtres des Requeſtes de noſtre Hoſtel, de l'aduis de noſtredict Conſeil, & attendant que nous ayons ſur le tout faict plus ample reglement, auons ordonné, & ordonnons ce qui enſuit.

Premierement, comme il aduient ſouuent, combien que tous les hõmes d'Armes & Archers de nos ordonnances ſoient paſſez & employez ſur les roolles des monſtres faites tant en armes qu'en robbe, ne ſont neantmoins tous payez de leurs gaiges, à cauſe que aucuns d'eux tant eſtrãgers qu'autres meurent incontinent apres leſdites monſtres faites, les autres s'abſentent pour cauſe d'affaire, ou de maladie, ſans auoir receu leurſdits gaiges: De ſorte que les deniers demeurent perpetuellement és mains des payeurs des compagnies, ſans qu'il en reuienne aucune choſe à noſtre proffit. Ordonnons que ſi leſdicts payeurs ont aucuns deniers en leurs mains de ceſte qualité, & deſquels leſdicts hommes d'armes & Archers ou leurs heritiers n'ayent faict demande dedans vn an apres leſdites monſtres faites, en ce cas leſdicts payeurs ſeront tenus apres l'an expiré enuoyer au Greffe dudit ſiege de la Mareſchauſſée de France

Declaration des deniers demeurez ez mains des payeurs.

vne declaration desdits deniers, qu'ils ont ou auront en leur possession, afin que sur les extraicts qui en seront deliurez par le Greffier dudict siege à ceux qui auront charge de nous, nous les puissions faire recouurer sur lesdicts payeurs : En quoy faisant & vuidant leurs mains desdicts deniers, ils en demeureront quittes & deschargez enuers & contre tous, & leur sera delaissé le sol pour liure, & au cas qu'ils y facent faute seront condamnez au quadruple.

Item, & au moyen que les Commissaires des guerres, Contrerolleurs, Thresoriers, & payeurs de nostredicte gendarmerie, ont par nos Edicts leurs causes commises tant en demandant que deffendant en ce qui concerne leurs charges & administrations pardeuant nosdicts Mareschaux ou leur Lieutenant audict siege de la Table de Marbre, plusieurs procez & differends s'intentent ordinairement entre eux audit Siege, pour le faict de leursdites charges & expeditions des roolles des monstres de nostredicte gendarmerie, & aussi par les gendarmes ou leurs heritiers contre lesdicts payeurs, pour estre payez de leurs gages: & encores par les marchans & tailleurs qui fournissent les sayes & casaques de nostredite gendarmerie, pour estre payez du rabais que lesdicts payeurs font ausdicts gendarmes, à cause desdicts sayes: esquels procez lesdictes parties n'ayans moyen de promptement verifier en quelle sorte lesdicts roolles de monstres ont esté expediez, & pour quel temps & comment lesdits gendarmes y sont passez & employez, sont constituez en grande longueur de procez: tous lesquels procez, & differents se pourroient vuider & terminer sur le champ par la seule inspection desdicts roolles de monstres.

Enuoy des roolles.

Pour ceste consideration & autres à ce nous mouuans, ordonnons que suiuant le treziesme article de nostre ordonnance faicte à Paris le treziesme Ianuier 1567. sur le reiglement de nostre gendarmerie, les monstres estans faictes seront dressez quatre roolles conformes en papier, le deuxiesme desquels, qui par nostredicte ordonnance, doibt demeurer au Greffe de la iurisdiction où ladicte monstre s'est faicte, sera doresnauant mis és mains du payeur de la compagnée, lequel sera tenu deux mois apres la monstre faicte l'enuoyer & mettre au Greffe dudict Siege de la Mareschaussée de France, à peine de priuation de ses gages, pour y estre ledit roolle gardé & representé quand besoin sera.

Enregistrement des prouisions, domiciles & cautions.

Que ceux qui d'oresnauant seront prouueus desdicts estats de Commissaires des guerres, Controlleurs, Tresoriers & payeurs de nostre gendarmerie, seront tenus deux mois apres l'expedition de leurs Lettres de prouision icelles Lettres faire enregistrer au Greffe dudict Siege de la Mareschaussée de France, auec declaration signée d'eux, contenant le lieu de leur residence & domicile. Et outre seront tenus lesdits payeurs tant prouueus qu'à prouuoir y faire aussi enregistrer les actes de reception de leurs cautions. C'est à sçauoir ceux qui sont prouueus deux mois apres la publication de ces presentes, & ceux qui seront à prouuoir deux mois apres la reception de leursdictes cautions, autrement ne feront lefdicts Officiers payez de leurs gages.

Auons deffendu & deffendons aux Preuofts de nos Marefchaux, Vi-Baillifs, Vi-Senefchaux & Lieutenans criminels de courte robe; de vendre directement ou indirectement les places de leurs Archers à peine de priuation de leurs gages, & d'amende arbitraire : ains que fuiuant nos Edicts, ils en prouuoiront de bons foldats, defquels ils feront refponfables : Lefquels toutesfois au cas qu'ils foient refufans leur obeyr en ce qui leur fera commandé pour noftre feruice, ils pourront caffer, & deftituer & mettre d'autres en leurs places, nonobftant oppofitions ou appellations quelconques, & fans preiudice d'icelles : pour lefquelles fi lefdicts Archers fe pretendent greuez, fe prouuoiront par deuers nofdicts Marefchaux de France ou leurdict Lieutenant à la Table de marbre à Paris, par lequel voulons les parties fommairement ouyes fur leurfdictes oppofitions ou appellations, icelles eftre vuidées & iugées fur le champ, fi faire

Deftitution des Archers de la connoiffance du Siege.

ſe peut, & les iugemens executez tant en principal que deſpens, nonobſtant oppoſitions ou appellations quelconques, & ſans preiudice d'icelles.

Enioignons tres-expreſſément à nos Iuges Preſidiaux & auſdits Preuoſts de noſdicts Mareſchaux, Vi-Baillifs, Vi-Seneſchaux, & Lieutenant de robbe courte, qu'apres qu'ils auront iugé les procez des priſonniers dont la cognoiſſance appartient auſdicts Preuoſts & Lieutenans, ils ayent auant que ſe ſeparer ne diuertir à autres affaires, à dreſſer deux dictons ſemblables du iugement par eux arreſté, l'vn deſquels ſera mis és mains du Preuoſt pour l'executer, & l'autre demourra au Greffe du Siege où le procez aura eſté iugé, pour y eſtre gardé & repreſenté quand beſoin ſera.

Si donnons en mandement à nos amez & feaux les gens tenans nos Cours de Parlement, Chambre de nos Comptes, à noſdicts Mareſchaux de France, ou leurſdicts Lieutenans à la Table de marbre de noſtre Palais à Paris, & tous nos autres Iuſticiers & Officiers, & à chacun d'eux endroit ſoy, & comme à luy appartiendra, que ceſdites preſentes ils facent lire, publier & enregiſtrer, entretenir, garder & obſeruer inuiolablement. Car tel eſt noſtre plaiſir, nonobſtant quelconques Edicts, Ordonnances & Lettres à ce contraires : En teſmoin de ce nous auons fait mettre noſtre ſeel à ceſdites preſentes. Donné à Paris le 1[illegible] iour de Ianuier l'an de grace, mil cinq cens ſoixante & treze, & de noſtre regne le 13. Signé ſur le reply, Par le Roy en ſon Conſeil, DE NEVFVILLE: & ſeellées du grand ſeel de cire jaune ſur double queüe.

Plus eſt eſcrit ſur ledict reply ; Enregiſtrées ouy ſur ce le Procureur general du Roy, aux charges, & comme il eſt contenu en l'Arreſt de ce iour, à Paris en Parlement le 14. iour de Mars, l'an mil cinq cens ſoixante & treize. Signé, DV TILLET.

Regiſtrées ſemblablement en la Chambre des Comptes ouy le Procureur general du Roy, ainſi qu'il eſt porté par le regiſtre ſur ce faict le 3. iour d'Auril mil cinq cens ſoixante & treize. Signé, DE LA FONTAINE.

Leües, publiées & registrées ce requerant le Procureur du Roy en la Connestablie & Mareschaussée de France au siege de la Table de marbre du Palais à Paris, le 10. iour d'Auril mil cinq cens soixante & treze. Signé,

GVIONIN.

Autre du mesme Roy, Que ledict Siege connoistra des differens d'entre les Commissaires, Controlleurs, Tresoriers & payeurs de gens de guerre, tant en demandant qu'en defendant, à cause de la charge desdicts Officiers, nonobstant tous priuileges, aux peines y specifiées.

CHARLES par la grace de Dieu Roy de France : A tous ceux qui ces presentes Lettres verront, Salut. Comme de tout temps & ancienneté, appartienne à nos tres-chers cousins les Mareschaux de France ou leur

Lieutenant au Siege de la Mareſchauſſee de France, à la table de marbre de noſtre Palais à Paris, la cognoiſſance & iuriſdiction, en premiere instance priuatiuement à tous autres Iuges de toutes cauſes, procez & differends procedans du faict de la guerre & gendarmerie, comme des rançons, butins, priſonniers de guerre, explorateurs, proditeurs, transfuges, deſerteurs militaires, des monſtres, payement, gaiges & ſolde, tant de noſtre arriere-ban que gens de guerre, ſoit de cheual ou de pied, Preuoſts de noſdits Mareſchaux, Vibaillifs, Viſeneſchaux, leurs Lieutenans, Greffiers & Archers, & des morte-payes, des obligations, promeſſes & cedulles faictes pour armes, viures, cheuaux & autres prouiſions & eſquipage de guerre, vendus ou preſtez aux gens-d'armes & ſoldats eſtans en garniſon, ou au camp: Des procez & differends que les Commiſſaires des guerres, Controlleurs, Threſoriers, & payeurs, Herauts d'armes, Capitaines & Conducteurs du charroy de noſtre artillerie, & autres Officiers de noſtre gendarmerie, & de nos guerres, ont tant en demandant que defendant, à cause de leurs charges & administrations, & de toutes autres causes militaires, plus à plain contenues és douze anciens articles, concernans la Iurisdiction de nosdicts Mareschaux de France, ou leurdict Lieutenant: Desquelles causes, combien qu'il ne soit loisible à autres nos Iuges d'en prendre cognoissance: Neantmoins nous sommes aduertis qu'aucuns priuilegiez abusans de leurs Committimus, qui leur sont baillez pour en vser en autres causes, estans adiournez pardeuant nosdicts Mareschaux ou leurdict Lieutenant, audict siege de la Mareschaussee de France, pour raison des causes dessusdictes, mesmes lesdicts Thresoriers & payeurs y estans cõuenus pour le payement des gages de nostredicte gendarmerie, pour esgarer la matiere & rendre lesdicts procez immortels, font en vertu de leurdict Committimus, renuoyer lesdites causes pardeuant nos Conseillers & gens tenans les Requestes de nostre Palais à Paris, qui en prennent cognoissance, combien que elle ne leur appartienne : Enquoy faisant ils contreuiennent directement à nostre volonté, & celle des Rois nos predecesseurs. Sçauoir faisons qu'estans bien informez que la iurisdiction de nosdicts Mareschaux de France, ou leurdict Lieutenant audict siege, est establie pour cognoistre, iuger & decider sommairement desdites causes cy dessus mentionnees, & apres auoir mis cette affaire en deliberation en nostre Conseil priué, de l'aduis d'iceluy : Auons declaré & declarons, que quand lesdicts Thresoriers & payeurs de nostredicte gendarmerie & autres priuilegiez, seront conuenus pardeuant nosdits Mareschaux de France ou leurdict Lieutenant audict Siege de la Mareschaussée, pour raison des causes & matieres dessusdictes, en ce cas nous n'auons entendu & n'entendons qu'ils se puissent ayder » de leurs Committimus, ny en vertu » d'iceux faire renuoyer lesdites causes » pardeuant nosdits Conseillers tenans » les Requestes de nostredict Palais. Ce » que leur auons tres-expressément de- » fendu & defendons, à peine d'estre »

» priuez de leurſdits Committimus en
» autres cauſes, deſpens, dommages &
» intereſts des parties, & de cent liures
» pariſis d'amende enuers nous: & à noſ-
» dits Conſeillers deſdites Requeſtes
» d'en prendre cognoiſſance, à peine de
» nullité de leurs Iugemens : Comme auſſi nous defendons ſur les meſmes peines aux Threſoriers & payeurs des cent Gentils-hommes de noſtre maiſon, quand ils ſeront conuenus audit Siege, à la requeſte deſdits Gentils-hommes, pour le payement de leurſdicts gaiges, faire renuoyer leſdictes cauſes auſdites Requeſtes : Ains voulons qu'en ce cas ils ſoient tenus proceder & reſpondre audit Siege de la Mareſchauſſee de France. Si donnons en mandement à nos amez & feaux les gens tenans nos Cours de Parlement, & à noſdits Mareſchaux de France ou leurſdits Lieutenans, & à tous nos autres Iuſticiers & Officiers, & à chacun d'eux endroict ſoy, & comme à luy appartiendra, que ceſdites preſentes nos lettres de declaration, vouloir & intention, ils facent lire, publier & enregiſtrer, entretenir, garder & obſeruer

inuiolablement : Car tel est nostre plaisir. Nonobstant quelconques Edicts, Ordonnances & Lettres à ce contraires. En tesmoin de ce nous auons fait mettre nostre seel à cesdites presentes. Donné à Bologne, le troisiesme iour d'Aoust, l'an de grace mil cinq cens soixante & treize, & de nostre regne le treiziesme : Signé par le Roy en son Conseil,

DE NEVFVILLE.

Leües publiées & registrées, ouy & ce consentant le Procureur general du Roy, & en cas d'opposition seront les opposans assignez en la Cour. Faict en Parlement le premier iour de Mars l'an mil cinq cens soixãte & quatorze. Signé, DE HEVES.

Leües, publiées & registrées, ouy & ce requerant le Procureur du Roy au Siege de la Mareschaussée de France, à la Table de marbre du Palais à Paris, le quatriesme iour de Mars, l'an mil cinq cens soixante quatorze : Signé,

GVYONIN.

Du mesme Roy portant deffenses aux Tresoriers generaux des guerres de payer ny assigner les gages des Commissaires, Controlleurs & payeurs, qu'il ne leur apparoisse prealablement qu'ils ayent faict enregistrer leurs prouisions, declaration de domicile & actes de cautions au greffe de la Mareschaussée; & que mesmement les Controlleurs y ayent enuoyé le double des roolles de chacune monstre par eux faicte, à peine de perte & radiation desdits gages sur les comptes d'iceux Tresoriers generaux.

CHARLES par la grace de Dieu, Roy de France: A tous ceux qui ces presentes Lettres verront, Salut. Par le premier article de nostre ordonnance, faicte à Paris le quinziesme iour de Ianuier l'an mil cinq cens septante trois, sur le reglement des Commissaires des guerres, Controlleurs

leurs & payeurs de noſtre gendarmerie: Nous auons ordonné que les payeurs qui ont, ou qui auront cy apres, aucuns deniers en leurs mains, procedans des gages des hommes d'Armes & Archers de nos ordonnances; & deſquels ils n'auront fait demande ne pourſuitte dedans l'an apres les monſtres faictes, en ce cas leſdits payeurs ſeront tenus, à peine du quadruple, incontinent apres l'an expiré, mettre, ou enuoyer au Greffe de la Mareſchauſſée de France, au Siege de la table de marbre du Palais à Paris, vne declaration deſdicts deniers, pour les faire par nous recouurer ſur eux. Laquelle ordonnance, nos amez & feaux Conſeillers, les gens tenans noſtre Cour de Parlement, & Chambre de nos Comptes à Paris, auroient verifié ſur certaines charges & modifications differentes pour le regard dudict article, ſur leſquelles eſt beſoin que declarions noſtre volonté : SÇAVOIR FAISONS, qu'apres auoir faict voir en noſtre Conſeil priué leſdictes charges & modifications, auec ladicte ordonnance cy attachée, ſoubs le contrç-ſeel de noſtre Chancellerie: De l'aduis d'iceluy; Auons dict, declaré & ordonné; diſons, declarons & ordonnons, voulons & nous plaiſt, qu'apres que leſdits payeurs aurõt mis au Greffe dudict ſiege de la Mareſchauſſée de France, la declaration deſdits deniers, de la qualité contenue audict article; le Greffier dudict Siege ſera tenu en faire regiſtre; & deliurer autant de ladicte declaration à celuy des Treſoriers ordinaires de nos guerres, qui ſera en charge: Es mains duquel Treſorier, leſdicts payeurs ſeront tenus incontinent mettre leſdits deniers, pour eſtre baillez & deliurez par leſdicts Treſoriers auſdicts hommes d'Armes & Archers, ou à leurs veufues & heritiers, ſuiuant les modifications de noſtre Chambre des Comptes. Outre, Declarons que la peine du quadruple, portée par ledit premier article de noſtre dicte ordonnance; & en laquelle leſdits payeurs pourroient eſtre condamnez par faute d'y ſatisfaire: Que nous auons entẽdu & entendons, que les deniers procedans dudict quadruple, ſoyent & demeurent à noſtre profit, & non desdicts gensd'armes. Au surplus, estans bien memoratifs des bonnes & iustes considerations, qui nous ont meu faire ladicte ordonnance: Voulons icelle estre gardée & obseruée inuiolablement : & lesdicts Commissaires, Controlleurs & payeurs, contraints y obeir & satisfaire, par priuation de leurs gages, condemnation d'amende enuers nous; & autres peines portées par icelles, dont ne voulons aucune moderation leur estre faicte. Et à ceste fin, Auons defendu & defendons ausdits Tresoriers ordinaires de nos guerres, payer, n'assigner les gages desdis officiers, s'il ne leur appert, que suiuant le contenu és deux & troisiesme articles de nostredicte ordonnance, ils ayent porté ou enuoyé les roolles desdictes monstres; fait enregistrer leurs lettres de prouision, & declaration de leurs domiciles & cautions au Greffe dudict siege de la Mareschaussée de France; à peine de pure perte, & radiation desdits gages sur leurs comptes. SI DONNONS EN MANDEMENT par ces presentes, A nos amez & feaux, les gens de nos-

Enregistrement & enuoy des roolles.

dicts Comptes, Mareschaux de France, ou leurs Lieutenans audict siege de la table de marbre de nostre Palais à Paris: & à tous nos autres Iusticiers, Officiers & subiects; & à chacun d'eux, si comme à luy appartiendra, que ces presentes nos Lettres de declaration, vouloir & intention, ils facent lire, publier & enregistrer, garder & obseruer de poinct en poinct, selon leur forme & teneur: Car tel est nostre plaisir; nonobstant quelconques Edicts, Ordonnances & Lettres à ce contraires. En tesmoin de ce, Nous auons faict mettre nostre seel à cesdictes presentes. DONNE' à Sainct Germain en Laye le sixiesme iour de Ianuier l'an de grace mil cinq cens soixante & quatorze: Et de nostre regne le quatorziesme. Signé sur le reply, Par le Roy en son Conseil, FIZES. Et seellées du grand seel de cire iaune, sur double queüe.

Registréesen la Chambre des Comptes; ouy le Procureur general du Roy, le douziesme iour de Feurier l'an mil cinq cens soixante quatorze. Signé, DANE'S.

Leües, publiées & enregistrées, ce requerant le Procureur du Roy, au siege de la Mareschaussée de France, à la table de marbre du Palais à Paris. Et est ordonné qu'elles seront signifiées aux Tresoriers ordinaires des guerres; à fin qu'ils n'en pretendent cause d'ignorance. Le Ieudi vingt cinquiesme iour de Feurier mil cinq cens septante quatre. Signé,

GVYONIN.

Extraict des articles 52. 53. & 56. de l'Edit du 1. Feurier 1574. portant deffenses au Lieutenant ciuil de Paris, & tous Iuges autres que ceux de la Mareschaussée, de cognoistre du faict de la Gendarmerie, ny de faire ou ordonner arrest ez mains des payeurs d'icelle : & inionction aux Controlleurs d'enuoyer les roolles de monstres par eux faictes au Greffe dudict Siege.

Art. 52.

PREMIEREMENT, Defendons à nostre Lieutenant Ciuil à Paris, & tous autres Iuges, entreprendre aucune iurisdiction ny connoiſſance, pour ce qui concerne le faict de noſtredicte Gendarmerie: D'autant que ce ſeroit directement contreuenir & oſter la connoiſſance de ce qui appartient à ladicte iuriſdiction de ladicte Mareſchauſſée: & où ils auroient entreprins ou entreprendroient ladite connoiſſance, ſoit d'auoir fait ou fait faire arreſt ez mains deſdits Treſoriers & payeurs ou autres, pour quelque cauſe que ce ſoit concernant noſtredicte Gendarmerie, nous les auons dés à preſent, cōme pour lors, mis au neant, caſſez & annullez, caſſons & annullons par ces preſentes: Faiſans defenſes à tous nos Huiſſiers ou Sergens de faire aucuns exploicts en vertu de leurs ordonnāces, ſur peine d'amende arbitraire, & de tous deſpens, dommages, & intereſts; & à noſdicts Treſoriers & payeurs de comparoiſtre ny reſpondre par deuant eux, ainſi qu'il eſt cy deuant dict. *Art.* 53.

Pour l'abreuiation des procez & differends qui pourroiēt interuenir pour le faict de noſtredicte Gendarmerie, dont la connoiſſance eſt attribuée aux Mareſchaux de France ou leurs Lieutenans à ladicte Mareschaussée, Nous voulons, commandons & tres-expressément enioignons que ledict Lieutenant sans forme ne figure de procez, & suiuant les anciennes ordonnances, mesmes sans s'arrester aux formalitez accoustumées, il les ait à vuider sommairement & de plain, appellant auec luy selon l'exigence des cas, nosdicts Tresoriers ordinaires des guerres, Commissaires & Controlleurs ordinaires, qui auront faict la monstre dont sera question, & ausquels il baillera seance selon la dignité de leurs offices. Et permettons ausdits payeurs de faire entendre eux mesmes la iustification de leur fait, sans qu'ils soient contraincts, si bon ne leur semble, plaider par Procureur & Aduocat, ny que pour ce nostredict Lieutenant prenne aucun salaire.

Art. 56.

Et pource que par le deuxiesme article de nostredicte ordonnance, nous auons enioinct ausdicts payeurs de nostre Gendarmerie de rapporter audict Greffe de la Mareschaussée, le double des roolles des monstres de chacune des compagnies qu'ils auront payées deux mois apres icelles faictes, ſur peine de priuation de leurs gages : ce qui n'eſt de leurs charges, ains de celle des Controlleurs ordinaires de noſdites guerres : Auons auſſi ordonné & ordonnons que leſdicts roolles seront fournis par leſdicts Controlleurs ordinaires de nos guerres, auſquels nous enioignons de les y enuoyer dedans le temps porté par noſtredicte ordonnance pour n'y deuoir leſdicts Treſoriers payeurs ſatisfaire.

Verifié au Parlement & Chambre des Comptes le 22. Feurier & Mars 1574. & eſt és grandes Ordonnances ſoubs le tiltre de la Gendarmerie.

L'onZieſme des articles anciens & fondamentaux de la Iuriſdiction de la Conneſtablie & Mareſchauſſée de France au ſiege de la Table de marbre du Palais à Paris.

ITEM cognoiſt ledict Siege des fautes, abus, & maluerſations que les

Preuosts desdicts Seigneurs Mareschaux ou leurs Lieutenans & Archers peuuent commettre en leurs offices, estats, charges & commissions, & des excez qui leur peuuent estre faits, & à ceux par eux appellez en aide de Iustice en exerceant leursdictes charges, & aussi des differens qui peuuent aduenir entre les dessusdicts Preuosts, Lieutenans, & Arcers, en cassant & destituant par lesdicts Preuosts, leursdicts Lieutenans & Archers sans cause valable.

La cassation des Lieutenans ne leur appartient plus, pource qu'ils sont pourueus par le Roy.

Declaration verifiée au Grand Conseil, portant confirmation de l'onziesme article susdict, & l'attribution de la connoissance des abus & maluersations des Preuosts au faict de leurs charges.

FRANÇOIS par la grace de Dieu Roy de France, A tous ceux qui ces presentes lettres verront, Salut. Comme depuis les creations & esta-

Les Edicts de l'an 1549. & de Moulins ont osté l'appel des iugemens Preuostaux, & veu-

lent que les competances soient iugées par les Presidiaux, le Roy se reseruant la connoissance des plaintes ou entreprises faictes contre lesdicts iugemens Preuostaux. Mais le reste des matieres contenues en ceste Declaration, & art. 11. sont tousiours demeurées à la Mareschaussée suiuant l'vsage cy apres iustifié.

blissemens des Preuosts de nos amez & feaux les Mareschaux de France: Nous ayons selon les occasions qui se sont presentées & offertes, creu & augmenté leurs pouuoirs, auctoritez, prerogatiues, préeminences, & iurisdictions auec nouuelle attribution de connoissance d'aucuns cas, dont ils ne souloient point cognoistre, & entre autres par nos Lettres patentes, du 25. iour de Ianuier, l'an 1536. pour extirper, punir & corriger les enormes oppressions & maux execrables que les gens de guerre, tant de cheual que de pied, mesmement de nos Ordonnances, & autres vagabonds faisoient ordinairement à nostre peuple: Nous auons mandé & cõmis ausdits Preuosts proceder cõtre tous ceux qui par informations faictes & à faire se trouueront chargez & coulpables, de quelque estat & condition qu'ils fussent, soit domiciliez ou non domiciliez, encores que depuis les crimes par eux commis, tenans les champs, & opprimans nostre peuple, ils se fussent retirez en leurs maisons & domiciles, & qu'ils se trouuassent chargez d'autre cas que ceux qui estoient de la Iurisdiction ordinaire & accoustumée desdicts Preuosts, lesquels sur le tout en feroient faire la iustice, punition & correction, selon & ainsi qu'il appartiendroit & verroiét estre à faire, nonobstant oppositions ou appellations quelconques; pour lesquelles n'aurions voulu estre differé quant à la prinse & caption desdicts delinquans, leurs alliez & complices, auec telle assemblée de gens de toutes qualitez que lesdicts Preuosts aduiseront: execution de leurs sentences, iugemens interlocutoires de torture, & deffinitiue peine de dernier supplice: & de tout ce aurions deschargé iceux Preuosts, leurs Lieutenans & gens de Conseil par eux appellez ausdicts iugemens, auec inhibitions, interdictions & defenses à toutes nos Cours de Parlement, Baillifs, Seneschaux, & autres nos Iuges, de ne connoistre, iuger ny decider des cas, crimes & delicts, dont iceux Preuosts auroient prins connoissance, procedé, iugé & executé, ainsi & par la forme & maniere qu'il est contenu dedans nosdictes Lettres. Dauantage voyant que les

Ordonnances par nous & nos predecesseurs faictes sur le faict des chasses, & mesmement celle de Tholose, du 6. d'Aoust 533. n'estoient aucunement obseruées ny entretenuës, mais chacun iour violées & corrompuës au grand contemnement & mespris de nostre auctorité; par la negligence & peu de deuoir dont vsoient en cest endroict nos Iuges ordinaires, qui y deuoient auoir l'œil, & pour autres bonnes causes, raisons & occasions contenuës en nos Lettres, du 2. iour de Decembre 1538. Nous aurions voulu, declaré & ordonné que lesdicts Preuosts de nos Mareschaux, ou leursdits Lieutenans, chacun en son destroit, auroit la connoissance & iurisdiction de la correction & punition desdicts delinquans & infracteurs de nosdicte Ordonnances & defenses sur le faict desdictes chasses, & icelle interdicte & deffendue comme dessus à nosdites Cours de Parlemens, Baillifs, Seneschaux, Preuosts, & autres nos Iuges quelconques: A la charge de n'imposer par lesdicts Preuosts, ou leursdicts Lieutenans, plus grandes peines aux

delinquans, que celles qui ſont intro-
duites par noſdictes Ordonnances. Et
combien qu'iceux Edicts & Ordonnances contenans les interdictions &
defenſes deſſuſdictes ayent eſté &
ſoient notoires à vn chacun, & que par
autres Ordonnances faictes pour la iuriſdiction de la Conneſtablie & Mareſchauſſée de France en leur ſiege de la
Table de marbre de noſtre Palais à Paris, article 11. ſoit expreſſément dict,
declaré & ordonné, Que des fautes, »
abus & maluerſations qui ſe trouue- »
roient auoir eſté faits & commis par leſ- »
dicts Preuoſts de noſdicts Mareſchaux, »
ou leurſdicts Lieutenans & Archers »
en leurs offices, eſtats, charges & com- »
miſſions, enſemble des excez qui »
leur pourroient eſtre faicts, & pareille- »
ment à ceux qui ſeroient par eux ap- »
pellez en aide de Iuſtice, exerçant »
leurſdites charges, leſdits Mareſchaux »
ou leurs Lieutenans à ladite Table de »
marbre, & non autres, en auroient les »
connoiſſance, iugement & deciſion: »
Toutesfois noſdites Cours de Parlemens, ou aucunes d'icelles; enſemble
nos amez & feaux les gens tenans

nostre grand Conseil auroient, outre & par dessus icelle Ordonnance, nos Edicts, interdictions & deffences, voulu, tant par moyens d'appel qu'autrement, cognoistre des matieres & cas dont cy-dessus est faict mention, & sur ce procedé contre iceux Preuosts, ou aucuns de leurs Lieutenans, Officiers, & autres gens de Conseil qui auroient assisté aux prinses & iugemens des malfaicteurs & delinquans de la qualité dessusdite. Au moyen dequoy par autres nos Lettres & Edicts en forme de chartre donnez à Villernonble au mois de Iuin dernier passé, Nous aurions statué, voulu & ordonné qu'iceux nos precedens Edicts, Declaration & Ordonnance cy-dessus declarées auroient lieu, & sortiroient leur plain & entier effect, & seroient inuiolablement obseruées selon leur propre forme & teneur, sans que des procedures & iugemens faicts par lesdits Preuosts, ou leurs Lieutenans, ensemble iceux gens de Conseil, & qui auroient assisté à faire lesdits procez, ou pour le cas contre ceux de la qualité dessusdite, & ainsi qu'il est declaré cy-dessus, nosdictes Cours de Parlement, Grand Conseil, ny autres nos Iuges, quels qu'ils fussent, ne puissent aucunement cognoistre ny tenir iurisdiction, que nous leur auons derechef interdicte & defenduë, declarons nuls & sans aucun effect, efficace, ny valeur, tout ce qui auroit esté faict, attenté, ou innoué au contraire par nosdictes Cours de Parlement & Grand Conseil, comme estans en ceste partie Iuges incompetens & personnes priuées, auec euocation generalle que nous aurions faicte à nous de tous les procez, causes, matieres & instances meuës & à mouuoir par deuant eux sur lesdites procedures contre lesdits Preuosts, leurs Lieutenans, & autres qui auroient assisté auec eux ausdites prinses & iugemens pour raison des maluersations & abus que lon pretendroit auoir par eux esté commis en ce faisant; lesquels procez, matieres & instances nous auons renuoyé ,, en l'estat qu'ils estoient ausdits Ma- ,, reschaux de France à la Table de mar- ,, bre, pour & ensuyuant les Ordonnan- ,, ces & constitutions de la Iurisdiction ,,

» d'icelle, en cognoistre & iuger, ainsi qu'il est plus au long contenu par lesdites Lettres, qui ont esté leuës, publiées, & enregistrées en nostre Grand Conseil, & lesquelles, pour ce qu'elles sont confirmatiues de toutes les precedentes, Nous aurions faict attacher à ces presentes soubs le contreséel de nostre Chancellerie, estimant auoir en cest endtoit fait si ample declaration de nos vouloir & intention qu'il n'appartient & n'est loisible à nul de nos Iuges & Officiers y contreuenir en quelque maniere que ce soit. Neantmoins ainsi que nous a presentement remonstré & faict entendre nostre amé & feal le sieur de la Voulte, Preuost en chef de nosdits Mareschaux, & l'vn des Preuosts ordinaires de nostre Hostel, les Gens de nostredict Grand Conseil, nostredite Cour de Parlement de Thoulouze; & autres se sont efforcez & efforcent chacun iour contreuenir au preiudice d'iceux nos Edicts, Ordonnances & Declaration, entreprendre derechef la connoissance & iurisdiction sur aucuns de ses Lieutenans, sous couleur de certaines Let-

Lettres particulieres obtenuës en nostre Chancellerie, & par ce moyen les trauailler indeüement, ensemble ceux qui ont assisté auec eux ausdictes procedures & iugemens, mesmes ceux de nostredicte Cour de Parlement de Thoulouse qui tiennent prisonnier vn nommé Anthoine Folcaud Commis audit Estat de Preuost par ledict sieur de la Voulte, pour raison de quelques procedures & executions par luy faictes de l'auctorité & pouuoir de sondit office, & ne le veulent eslargir aucunement, quelques commandemens qui leur en ayent esté faicts suiuant iceux nos Edicts & Declaration. Aussi ceux de nostredit Grand Conseil apres la publication de nostredict dernier Edict ont tenu & tiennent encores prisonnier vn nommé Guillaume Graillet, pour auoir assisté audit Preuost, ou sondit Lieutenant à executer sa charge: & quelques autres de nos Cours de Parlement ont ordonné que aucuns desdits Lieutenans seroient contraints par arrest & emprisonnement de leurs personnes d'apporter par deuers icelles les procez & procedures faictes par eux contre les contreuenans ausdites Ordonnances sur le fait des chasses, combien que par icelles leur soit interdit d'en cognoistre: Pour raison desquelles vexations indeuës & practiquées contre nos Edicts & Ordonnances lesdits Preuosts & leursdits Lieutenans ne peuuent & n'osent entreprendre de faire leur deuoir & diligence d'executer & exploicter ce qui leur est mandé & commis par iceux nos Edicts & Ordonnances, de peur d'estre preuenus, poursuyuiz & trauaillez par nosdites Cours souueraines, qui pretendent la cognoissance des cas que dessus par nous attribuez à iceux Preuosts & Lieutenans; & pour ceste cause les ont fort odieux, en sorte que s'ils ne sont par nous conseruez & gardez en leurs pouuoirs & auctoritez, il n'y a celuy d'iceux respectiuement chacun de son destroit qui ne soit contraint de laisser passer soubs dissimulation la pluspart des crimes & delicts dont nous entendons qu'ils fassent la punition & correction, d'autant que pour auoir fait leur deuoir on les trauaille par procez, & les fait-on consommer en fraiz & poursuittes. Sçauoir faisons, Que nous bien records & memoratifs desdits pouuoir, auctoritez & facultez par nous donnez & attribuez à iceux Preuosts de nosdits Mareschaux & leursdits Lieutenans, sur tous & chacuns les poincts & articles dessus touchez, leurs circonstances & dependances, mentionnez par iceux nos Edicts & Ordonnances expediez esdites années 536. & 38. que nous voulons, entendons & nous plaist auoir lieu, & sortir leur plain & entier effect: Auons dit, declaré, disons, declarons & ordonnons par ces presentes de nos certaine science, plaine puissance & auctorité Royalle, en reïterant ce que ja a esté par nous dit, declaré, statué & ordonné par nosdictes autres Lettres & Edict cy attachez, Que nosdictes Cours souueraines, Baillifs, Seneschaux, & autres nos Iuges n'auront & ne pourront, comme aussi depuis iceux nos Edicts, Ordonnances & Declarations qu'ils n'ont peu ny deu auoir ny prendre aucune cognoissance & iurisdiction des-

dits crimes & delicts cy dessus mentionnez contre les pouuoir & auctorité d'iceux Preuosts & leursdits Lieutenans, soit quant aux domiciliez, ainsi que le contient entre autres nostredicte Ordonnance de l'an 1536. ny pour semblable pour le faict des chasses & contrauention à nosdictes Ordonnances sur ce faictes, ainsi que le
„ contient nostredicte Ordonnance de
„ l'an 538. ny des fautes, abus & mal-
„ uersations que lon pretendoit auoir
„ esté faicts & commis par iceux Pre-
„ uosts, ou leursdits Lieutenans & Ar-
„ chers en leurs offices, estats, char-
„ ges & commissions, & par ceux qui
„ les assisteroient à leurs iugemens &
„ procedures: ains de ce doit appartenir
„ la cognoissance à nosdits Mareschaux
„ de France, ou leursdits Lieutenans
„ audit siege de la Table de marbre de
„ nostre Palais à Paris, où nous enten-
„ dons lesdictes matieres estre ren-
„ uoyées, & lesquelles cognoissances &
„ iurisdictions, ainsi que par toutes les
„ lettres d'iceux nos Edicts & Ordon-
„ nances, & mesmes par les dernieres cy
„ attachées est dict, declaré & reïteré;

nous auons interdictes & deffenduës, interdiſons & deffendons ceſte fois pour toutes à nos deſſuſdites Cours ſouueraines, Baillifs, Seneſchaux & Iuges, en euoquant par ceſdites preſentes à nous & noſtredite perſonne tous & chacuns les procez, matieres & inſtances meuz & introduicts contre leſdits Preuoſts, Lieutenans & Archers, & autres aſſiſtans auec eux pour raiſon de ce que touche ou concerne le faict & contenu en iceux nos Edicts, Ordonnances & Declaration, & leſdites fautes, abus & maluerſations pretenduës auoir eſté commiſes par eux en leurs charges & procedures; leſquels procez, matieres & inſtances, nous auons en quelque eſtat qu'elles ſoient auec leurſdites circonſtances & dependãces renuoyez & renuoyons pardeuant leſdits Mareſchaux de France audit ſiege de la Table de marbre, pour en cognoiſtre, iuger, decider & terminer comme de raiſon, & ſelon le contenu en nos Ordonnances, & ſuyuant les preſentes, que voulons leur eſtre particulierement & reſpectiuement ſignifiées par le premier noſtre Huiſſier ou Sergent ſur ce requis, qu'à ce faire commettons, enſemble à tous autres qu'il appartiendra & beſoin ſera, auec les adiournemens, intimations, inhibitions & defences, & autres exploicts de iuſtice en tel cas requis, à ce que nul n'en puiſſe pretendre cauſe d'ignorance. SI donnons en mandement à nos amez & feaux Conſeillers les gens tenans noſdicts Grand Conſeil & Cours de Parlemens, Mareſchaux de France, ou leurs Lieutenans audit ſiege de la Table de marbre à Paris, & à tous nos Baillifs, Seneſchaux, Preuoſts, Iuges, ou leurs Lieutenans, & à chacun d'eux endroit ſoy, ſi comme à luy appartiendra, que le contenu en ceſdites preſentes confirmatiues d'iceux nos Edicts, Ordonnances, & Declaration, ils entretiennent, gardent, &c. CAR tel eſt noſtre plaiſir, Nonobſtant quelconques ſtatuts, ordonnances, mandemens, informations, ou deffences & lettres impetrées ou à impetrer à ce contraires. En teſmoin de ce nous auons faict mettre noſtre ſéel à ceſdites preſentes. Donné à Fontainebleau, le premier iour de Ianuier, l'an de grace 1544. & de nostre regne le 31. Ainsi signé sur le reply, Par le Roy, DE L'AVBESPINE, & séellé sur double queuë de cire iaulne.

Extraict des Registres du Grand Conseil du Roy.

AVIOVRDHVY 26. de Mars 1544. auant Pasques, de l'Ordonnance du Conseil, ont esté leuës en l'audience d'iceluy vnes Lettres patentes du Roy, dattées du 1. iour de Ianuier dernier, à la requeste du sieur de la Voulté Grand Preuost general en la Connestablie & Marefchaucée de France, afin qu'elles fussent enregistrées. Benedicti pour le Syndic du pays de Languedoc, dit qu'il empesche que lesdites Lettres soient enregistrées, sinon que ce soit à la charge des Priuileges donnez par le Roy aux habitans du païs de Languedoc. Caluimont pour le Procureur general du Roy dit, que Benedicti a autresfois demandé lecture & publication desdites Lettres pour ledit ſieur de la Voulte, & de preſent ſ'oppoſe. Sarde dit qu'il eſt oppoſant pour deux veſues ; l'vne appellée Catherine de Garrigues, & l'autre Ieanne Brune, dont y a procez pendant, qui ne doit eſtre renuoyé, mais iugé audit Conſeil, & qu'il y a autres oppoſitions. LE CONSEIL ordonne que ſur le reply deſdites lettres ſera mis : Leuës, publiées & enregiſtrées, ſans preiudice des procez de Maiſtres Guillaume Coſte, & Antoine Guyrayl au nom qu'il procede, ſa partie aduerſe Guillaume Gralier, Catherine Garrigues, & Ieanne Brune ; Auſquels deux procez y a attribution & cognoiſſance audit Conſeil, & la matiere retenuë en iceluy. Et quant aux autres oppoſans, ſe retireront pardeuers le Roy, pour y eſtre pourueu ainſi qu'il appartiendra. Signé,

BOVRSIN.

Arrests du Conseil priué attachez à la declaration de Nouembre 1617. sous le contreséel & confirmatifs de ladicte Iurisdiction.

SVR la requeste presentée au Roy en son Conseil priué par Christofle Froment Lieutenant du Preuost des Connestable & Mareschaux de France au Bailliage & Eslection de Sens, Montargis & Nemours : tendant à ce que certaines informations & procedures contre luy faictes par auctorité de la Cour de Parlement de Paris, à la poursuitte d'Estienne Tambois pour raison de certaines contumelieuses & irreuerentes paroles pretenduës auoir esté dites & proferées contre l'honneur de la Cour de Parlement de Paris, & autres cas à luy imposez fussent renuoyez pardeuant lesdits sieurs Connestable & Mareschaux de France, ou leur Lieutenant general à la Table de marbre ses Iuges naturels, pour illec son procez

1566. Delict d'vn Preuost renuoyé par arrest.

luy estre faict & parfaict, & iugé en dernier ressort, & sans appel, en presence de six Conseillers de la Chambre du Tresor au Palais, ou tels autres Iuges qu'il appartiendroit: Et veües les Lettres patentes des 6. Mars, & 13. May dernier obtenues par ledit Froment, pour faire rapport audit Conseil, lesdites informations auec les exploicts faicts en vertu d'icelles: l'information faicte contre ledit Froment, à la requeste dudit Tamboys, par Ordonnance d'icelle Cour, ouy le rapport du Commissaire sur ce deputé, & tout consideré, Ledit Seigneur en son Conseil a renuoyé & renuoye ledit Froment auec lesdites charges & informations pardeuant les Connestable & Mareschaux de France, ou leur Lieutenant general à la Table de marbre à Paris, d'huy en quinze iours prochains, pour, reprises lesdictes charges & informations, luy estre faict & parfaict son procez iusques à sentence diffinitiue, auec tel nombre de Conseillers de la Chambre du Tresor, qu'il sera requis. Faict audit Conseil tenu à Paris le 29. iour de Iuillet 1566. Signé CAMVS.

Extraict des Registres du Conseil priué du Roy.

SVR la requeste presentée au Roy par les Escheuins, Manans & habitans de Chasteaudun, pays de Dunois, à l'encontre de Sebastien de la Briere Commis à l'exercice du Preuost des Mareschaux audit pays de Dunois, contenant que depuis le temps que ledit la Briere a esté commis audit estat, il n'a faict ny faict faire le seruice qui est requis, & y a commis plusieurs grandes fautes & abus, souffrant les voleurs & meschans meurtriers, sans en vouloir faire la recherche & capture, &, qui pis est, a donné & donne ordinairement liberté à plusieurs prisonniers de son auctorité; combien qu'ils ayent esté iugez par les Iuges en peines corporelles, & plusieurs autres concussions qu'il fait & commet, qui sont toutes euidentes, comme lesdits habitans font apparoir par les charges, informations, & autres pieces attachées à ladicte Requeste. VEV lesquelles requeste & informations, &

Pareil renuoy. 1571.

ouy le rapport ſur ce faict du ſieur de Belot, Maiſtre des Requeſtes ordinaires de l'Hoſtel, LE ROY ſeant en ſon Conſeil a renuoyé & renuoye leſdites informations pardeuant Meſſieurs les Mareſchaux de France, ou leur Lieutenant au ſiege de la Mareſchaucée à Paris, pour icelles voir, les decreter, faire & parfaire le procez audit la Briere, & iceluy iuger ſuyuant les Ordonnances, comme il appartiendra par raiſon. Faict au Conſeil priué du Roy tenu à Amboiſe, le 20. Decembre 1571. Signé DOLV.

Pareil renuoy.

HENRY par la grace de Dieu Roy de France & de Pologne, A nos tres-chers & amez couſins les Mareſchaux de France, ou leur Lieutenant au ſiege de la Mareſchaucée de noſtre Palais à Paris, Salut. Nous auons cy-deuant addreſſé nos Lettres de Commiſſion au ſieur de Richelieu, grand Preuoſt de noſtre Hoſtel, pour informer des maluerſations pretenduës auoir eſté commiſes par Iean de Vallette, grand Preuoſt de la Conneſtablie & Mareſchaucée de France eſtably à la ſuitte de noſtre tres-cher & tres-amé frere, & proceder à l'inſtru-ction du procez dudit Valette. Suyuant leſquelles Lettres ledit de Richelieu auroit fait conſtituer priſonnier iceluy de Valette: & voulant proceder à ſon interrogatoire, & à luy faire & parfaire ſon procez, l'auroit ledit de Valette recuſé & appellé de luy comme de Iuge incompetaut: enſemble de ladite Commiſſion, octroy & execution d'icelle, & requis eſtre renuoyé pardeuant vous. SVRQVOY & apres que leſdits Richelieu & Valette ont eſté ouys en noſtre Conſeil: NOVS par l'aduis & deliberation d'iceluy, Auons renuoyé & renuoyons ledit de Valette, enſemble ledit procez criminel pardeuant vous audit ſiege pour y eſtre inſtruit & iugé en premiere inſtance, & par appel en noſtre Cour de Parlement de Paris: dont nous vous auons commis & attribué, commettons & attribuons toute Cour, iuriſdiction & cognoiſſance, & l'auons interdicte & deffenduë, interdiſons & deffendons audit ſieur de Richelieu, & à tous autres Iuges quelconques par ces presentes : Que nous voulons à ses fraiz leur estre signifiées, si besoin est, par le premier nostre Huissier ou Sergent sur ce requis, qu'à ce faire commettons : Et neantmoins ordonnons que deux de nos amez & feaux Conseillers & Maistres des Requestes ordinaires de nostre Hostel, qui seront par nous nommez, assistent & president à l'instruction & iugement qui se fera dudit procez au siege de ladite Mareschaucée : Et à ces fins voulons que ledit de Valette soit mené & conduit sous bonne & seure garde és prisons de la Conciergerie de nostredit Palais, & le procez porté au Greffe dudit siege par le Greffier dudit sieur de Richelieu : Enioignons à nostre Procureur de ladite Mareschaucée d'en faire toute poursuitte & diligence, & nous aduertir dans quinzaine de tout ce qui en aura esté faict, sans preiudice en autre chose de la Iurisdiction dudit Grand Preuost. CAR TEL EST NOSTRE PLAISIR, Nonobstant toutes lettres à ce contraires. Donné à Paris le 9. iour de Ianuier, l'an de grace 1579. & de nostre regne le cinquiesme. Signé par le Roy en son Conseil DOLV, & séellé sur simple queuë du grand seau de cire iaune.

Extraict des Registres du Conseil priué du Roy.

Reiglement d'entre vn Preuost & son Lieutenant.

ENTRE Claude Barbe sieur de la Forterie, Preuost prouincial en la Mareschaussée du Mayne, demandeur en lettres du 13. Iuin 1616. d'vne-part, & Maistre Edme du Chesne Conseiller & Procureur du Roy en la Connestablie & Mareschaussée de France au siege de la Table de marbre du Palais à Paris, & Iacques du Chesnay Lieutenant du Preuost des Mareschaux en la residence de Mayenne, deffendeurs d'autre. VEV par le Roy en son Conseil, lesdictes Lettres tendans à fin de faire assigner en iceluy lesdicts defendeurs pour se veoir regler de Iuges, & si faire se doibt, sans auoir esgard à l'arrest du Grand Conseil, du 12. Ianuier 1615. & à la pretenduë euocation, renuoyer tous les procez & differends concernans le reiglement des charges desdicts Preuosts, Lieutenans & Greffiers entre eux, circonstances & dependances audict Siege de la Connestablie & Mareschaussée, & sur ce proceder en outre comme de raison; & cependant inhibitions & defenses audict Grand Conseil, & autres Iuges de la Connestablie & Mareschaussée de proceder au iugement desdicts procez & differẽds, & ausdites parties d'y faire aucunes poursuittes, à peine de nullité, & de tous despens, dommages & interests: & à faute de faire donner ladicte assignation dans le temps porté par lesdictes Lettres, lesdites defenses leuées & ostées, & permis ausdictes parties de se pouruoir comme auparauant: exploicts d'assignations audict Conseil donnez audicts defendeurs des 18. & 20. dudit mois de Iuin audict an. Edict du Roy de l'an 1544. copie d'arrest du Parlement de Paris du 29. Octobre 1577. Autre copie de sentence de ladicte Connestablie & Mareschaussée du 18. Auril 1580. Ordonnances de sa Maiesté sur le reglement des officiers de la Gendarmerie, Preuosts des Mareschaux, Vi-Baillifs, Vi-

Vi-Seneſchaux, leurs Lieutenans & Archers, des 13. Aouſt 1573. & 6. Ianuier 1574. Articles contenans les droicts de la Iuſtice de ladicte Conneſtablie & Mareſchauſſée: Extraict d'autres articles des cas dont la connoiſſance appartient en premiere inſtance à ladicte Conneſtablie: copie de Lettres du 23. Mars 1610. Autre copie de Lettres du 9. Iuillet 1515. Arreſts dudict Grand Conſeil des dernier May, & 3. Iuin 1511. Copies de patentes des premier Septembre 1612. & 17. Auril 1613. Autres arreſts dudit Grand Conſeil des 27. Iuin audit an 1613. dernier May 1614. 9. Iuillet 1615. & 12. Ianuier 1616. Iugemens de ladicte Conneſtablie & Mareſchauſſée des 21. May, & 7. Octobre 1615. & 30. Ianuier 1616. Requeſte dudict du Cheſne du 14. Decembre audict an; par laquelle il demande acte de ce qu'il employe pour remonſtrances & contredicts contre les trois chefs & pieces de la production dudict du Cheſnay. Autre requeſte dudict du Cheſnay du 22. dudit mois de Decembre audict an, ſur laquelle eſt ordonné, En iugeant ſera

E

fait droict. Appoinctement des 20. & 22. audit an 1616. Inuentaires, escritures, & production des parties, & tout ce que par elles a esté mis & produict par deuers le sieur Theuin Conseiller de sa Majesté en son Conseil, & Maistre des Requestes ordinaire de son Hostel, Commissaire à ce deputé, ouy son rapport: Le Roy en son Conseil faisant droict sur ladite instance, sans s'arrester à l'arrest dudit Grand Conseil dudict iour 12. Ianuier 1615. a renuoyé & renuoye lesdictes parties, & leurs procez & differends pardeuant lesdicts Iuges de la Connestablie & Mareschaussée de France, pour leur estre pourueu ainsi qu'il appartiendra: Fait defenses audit Grand Conseil & tous autres Iuges, d'en prendre aucune Cour, iurisdiction & connoissance, despens reseruez. Fait au Conseil priué du Roy tenu à Paris le 13. iour de Ianuier 1617. Signé,

De la Grange.

Extraict des Registres du Conseil priué du Roy.

ENTRE Maistre Iean Royer Secretaire de sa Maiesté, maison & Couronne de France, Tresorier & payeur de la gendarmerie, Demãdeur en lettres du septiesme iour de Nouembre mil six cens neuf dernier, d'vne part: Et Berthelemy du Moutier dict Pontoise, Cordonnier suiuant la Cour, Deffendeur d'autre. VEV par le Roy en son Conseil lesdictes lettres aux fins de faire assigner ledict Defendeur en iceluy, pour voir casser les procedures, sentence & executoire de despens par luy obtenus du grand Preuost de l'Hostel de sa Majesté ou son Lieutenant contre ledict Demandeur au preiudice de l'interdiction & defenses à luy faites; & de l'instance pendante entre les parties pardeuant les Connestable & Mareschaux de France, ausquels la connoissance de semblables differens est attribuée par les Ordonnances, auec defenses au grand Pre- 23. *Mars* 1610.

uost d'en connoistre, & audit Defendeur d'en faire poursuitte : l'exploict de signification & assignation donnée audit Defendeur au Conseil, du 7. Nouembre audit an 1609. Ordonnance de sa Maiesté sur le reiglement de la police & forme de payement de la Gendarmerie du 9. Feurier 1584. par laquelle article 64. la connoissance du payement de ladite Gendarmerie est attribuée à ladite Mareschaussée, & icelle interdicte à tous autres Iuges, à peine de nullité, despens, dommages, & interests. Le transport fait par Iacques de Beaufort, & Iean Midou Secretaire de la Chambre du Roy de la somme de deux cens quarante liures, à luy deüe par le sieur de Riuecourt, du vingtiesme Septembre 1607. Requeste presentée par ledit Midou au Preuost de Paris, à fin de faire saisir les deniers qui se trouuerõt deubs audit Riuecourt du 12. May 1608. sur laquelle est dict, Permis de saisir, eslisant domicile: trãsport fait par ledit Midou audit Defendeur de ladite somme de deux cens quarante liures, du 25. Iuillet audit an: exploict de signification dudict transport des 7. & 9. Aoust audit an. Sentence dudit grand Preuost du 5. Octobre 1609. par laquelle ledit de Riuecourt est condamné payer audit Defendeur ladite somme de deux cens quarante liures. Exploict du 22. dudit mois d'Octobre contenant la saisie faite és mains dudit Demandeur des deniers qu'il doibt ou deura audict de Riuecourt, à l'assignation à luy donnée par ledit grand Preuost pour s'en purger par serment. Coppies de Lettres obtenues par les Officiers de la Gendarmerie de Monsieur le Daulphin du 25. May, par lesquelles defenses sont faites de faire proceder par saisie sur leurs gaiges. Exploict de signification faite audict Defendeur du 25. Octobre 1609. Requeste presentée par ledit Demandeur audit Connestable, du 5. Nouembre audit an, tendant à ce que defenses fussent faites audit Defendeur, & tous autres de le poursuiure ailleurs que pardeuant eux pour raison de ladite saisie; sur laquelle est dict, Soit monstré & assigné, & cependant defenses. Exploict dudit iour continuant la signification de ladicte requeste, & l'assignation donnée audict Defendeur. Exploict du 5. Nouembre, contenant la signification faicte audict Defendeur que le Demandeur estoit prest de faire sa declaration & proceder pardeuant ledit Connestable: sentence dudict Preuost de l'Hostel du 7. dudict mois, par laquelle ledict Demandeur est condamné payer ladite somme de deux cens quarante liures, & aux despens: l'executoire desdicts despens montant à la somme de trentesix liures dixhuict sols deux deniers dudict iour sixiesme Nouembre. L'exploict du 7. iour dudit mois, contenant le commandement fait audict Demandeur de payer lesdictes sommes portées par lesdictes sentence & executoire. Et l'appel interietté par ledict Demandeur: exploict d'assignation sur defaut obtenu par ledit Demandeur en ladicte Connestablie donné audict Defendeur en datte du 7. Nouembre. Autre exploict dudict iour contenant l'assignation donnée audict Defendeur pardeuant ledict Preuost, pour voir dire, Que nonobstant ledict appel, lesdites sentence &

executoire seroient executées par prouision. Lettres d'anticipation obtenues par ledict Defendeur pour faire assigner ledict Demandeur au grand Conseil sur ledict appel. Exploict d'assignation donnée audict Demandeur le 13. iour dudict mois de Nouembre, aux fins de faire defenses audict Defendeur de faire aucunes poursuittes audict grand Conseil, iusques à ce que le reiglement de Iuges d'entre les parties soit iugé. Exploict de signification dudict iour; appoinctement de reiglement pris entre les parties par deuant le Commissaire à ce deputé du 18. Decembre dernier; leurs escritures, aduertissemens & inuentaires; & tout ce qui a esté par elles mis & produict par deuers le Commissaire à ce deputé, ouy son rapport: Et tout consideré, LE ROY en son Conseil faisant droict sur ladicte instance, a cassé & adnullé, casse & adnulle les procedures faictes pardeuant ledict grand Preuost de l'Hostel, ensemble lesdites sentence & executoire de despens obtenues par ledict Defendeur dudict 6. Nouembre au preiudice des defenses portées par lesdictes lettres par ledict Demandeur, & de l'instance pendante en ladicte Connestablie : Et a sadicte Majesté renuoyé & renuoye lesdictes parties, leurs procez & differends pardeuant le Iuge de ladicte Connestablie & Mareschaussée de France pour y proceder ainsi que de raison. Auquel sadite Maiesté en a attribué & attribue toute court, iurisdiction & cõnoissance ; & icelle interdicte à tous autres Iuges. Et est ledit du Moutier cõdamné aux despens taxez à soixante liures. Faict au Conseil priué du Roy, tenu à Paris le 3. Mars 1610. Signé, DE LA GRANGE. Registrées au Greffe de la Cõnestablie & Mareschaussée de France, à la Table de marbre du Palais à Paris : De l'ordonnance verbale de Monsieur le Lieutenant General audict Siege, le 23. iour de Mars 1610.

Collationné, & signé, DE GOYS.

www.ingramcontent.com/pod-product-compliance
Ingram Content Group UK Ltd.
Pitfield, Milton Keynes, MK11 3LW, UK
UKHW020945180726
13838UKWH00003B/1139